포스코 명예의전당 헌액기념시집
수초동우회 창작금 전액지원시집

쇳물의 꽃이 피었습니다

詩香 박우영 제6집
(시·시조)

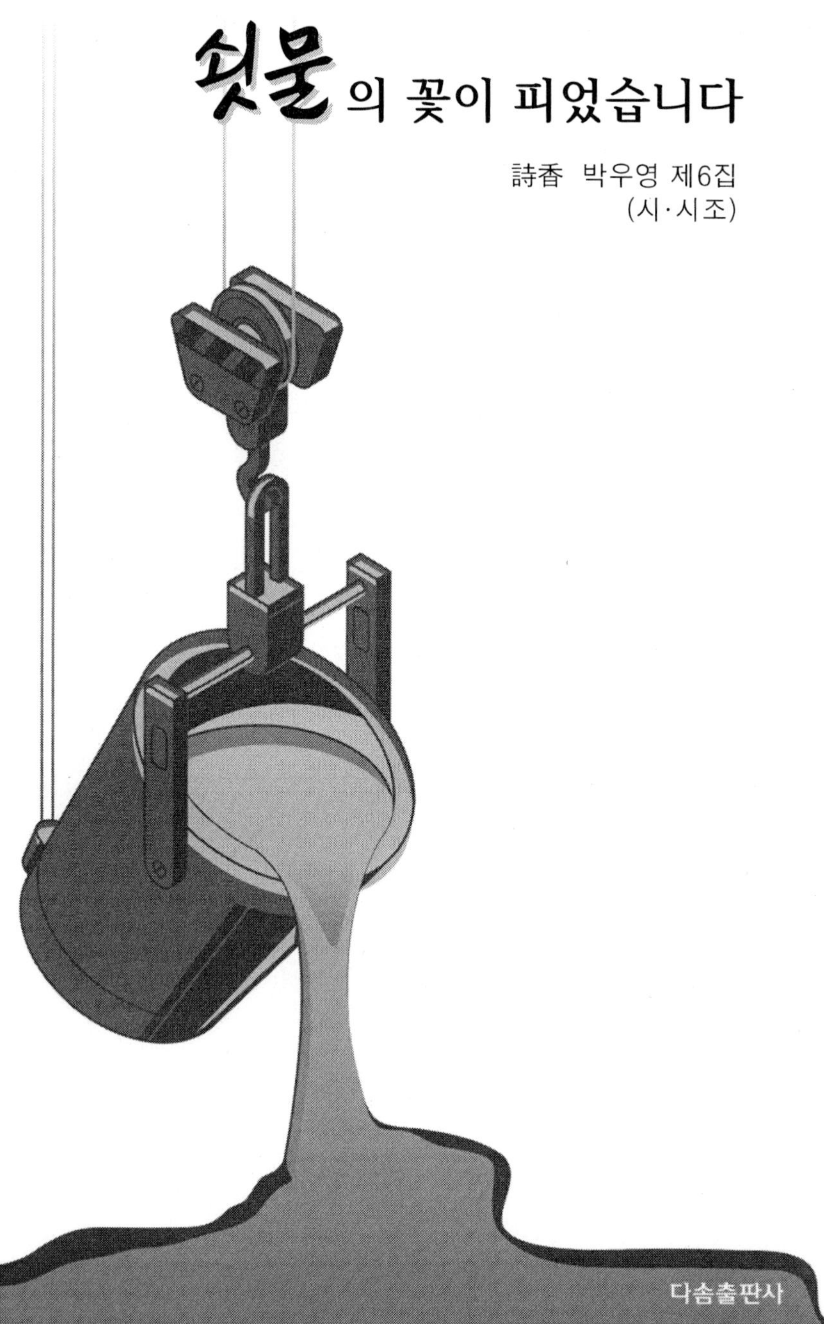

다솜출판사

쉿물의 꽃이 피었습니다

詩香 박우영 제6집
(시·시조)

여섯 번째 시집을 내며

여섯 번째 시집을 탈고하니
무겁던 마음은 차분히 가라앉아
하늘 높이 훨훨 날아오르는 기분이다.

둘째 딸이 만든 표지가 맘에 쏙 든다.
트로트 작사인 새타령도 마음에 든다.
포스코의 영광이 더욱 그러하고
포스코를 홍보하는 데 도움이 되었으면 하는 바람이 크다.

포스코 명예의 전당에 헌액되어
포스코와 함께 영원히 잊히지 않고
만세에 길이 남을 포스코 명예의 전당.

시인이 되고자 했던 열망은 결국 시인으로 이루어졌고, 시집을 발간하고자 하는 열망은 또 한 권의 시집인 여섯 번째 시집 『쉿물의 꽃이 피었습니다』를 발간케 되었다.
특히 포스코 명예의 전당 헌액 기념 시집으로,
또한 수초동우회 창작금 전액 지원 출판으로 더욱 뜻이 깊은 시집이다.
앞으로 몇 권의 책을 더 발간하여 최소한 제10집까지는 낼 요량이다.

이번 제6시집의 발간에 도움을 주신 다솜출판사 박중열 대표님과 모든 관계자 여러분들께 고맙다는 말씀 올리며, 또 많은 격려와 도움을 주신 친우 및 동문님들께 고마움을 전합니다. 아울러 시집이 나올 때까지 성심껏 모든 지원을 해준 사랑스럽고 자랑스러운 우리 가족 모두에게 이 책을 바치는 바이다.

2022년 새해 아침

詩香　박 우 영

1부 억송석億松石

2부　오세요 보세요 힘내세요

3부 보릿고개

4부 트로트

5부 쇳물의 꽃이 피었습니다

6부　작사 / 작곡집

박우영 Park. Woo-Yung
포스코 기성보 | 광양 냉연부
냉연분야 최고 전문가로서 포항 1냉연공장 및 광양 3냉연공장 초기요원으로
공장 건설과 정상조업을 주도하여 냉연 생산 기술력 향상에 크게 기여
Saint Technician | Gwangyang Cold Rolling Dept.
As one of the foremost experts in cold rolling and an initial member of
Cold Rolling Plant 1 of Pohang Works and Cold Rolling Plant 3 of
Gwangyang Works, led construction and stabilization of the plants,
greatly improving technical capabilities in cold rolling production
입사 1972년 12월 12일 | 퇴직 2003년 7월 1일 | 헌액 2021년 4월 1일

(포스코 명예의 전당)

1

억송석億松石

1. 사계에 피어나는 향기
2. 봄바람
3. 꽃망울
4. 홍매화
5. 백목련
6. 춘분
7. 不知花
8. 수호초
9. 아카시아
10. 강변 수양버들
11. 능소화
12. 수국水菊
13. 상사화

14. 단풍잎

15. 억송석億松石

16. 거북바위에 핀 들국화

17. 오색단풍

18. 팔손이 꽃

19. 코로나19 마스크(無言)

20. 억새

21. 갈대

22. 마지막 감잎

23. 설중매

사계에 피어나는 향기

봄에는
꽃이 피어
벌 나비 춤을 추고

여름에는
뙤약볕에
매미 울음 시원하다

가을에는
오색단풍
국화가 향기롭고

겨울에는
흰 눈 쌓인
초가지붕 평화롭다

봄바람

삭풍은 바람 타고
훨~훨~ 날아가고

춘풍은 향기 품고
새봄을 싣고 오나

실개천 얼음 녹아
소리 내며 흐르니

내 마음도 냇물 따라
졸졸졸 흘러가네

꽃망울

젖무덤에 솟아오른
젖꼭지처럼
연록을 벗어나서 발갛게 익어가며
이쁘게 솟아나는 영산홍 꽃망울

송이송이 아름다운
꽃을 피우기 위해
따스한 햇빛을 온몸으로 받으며
이쁘게 솟아나는 자산홍 꽃망울

새빨간 꽃이 피어
온 세상 붉은 꽃밭
벌 나비 찾아들면 향기까지 스미리라
조롱조롱 익어가는 연자산홍 꽃망울

홍매화

북풍한설
몰아낸
따사로운 양지쪽

빠알간
젖 망울
곱게도 터뜨리니

향기도
고와라
아름다운 홍매화

백목련

하얗게
피어오르는
물안개 벗하며

홍매화
가지에
향기 가득 번지고

보송보송
백목련
하이얀 무명 적삼

춘분

봄날이 무르익는
춘분이라 하더니

훈풍에 향기 싣고
찾아온 임이시여

벚꽃나무 가지에
젖꼭지 꽃망울

톡톡 튀는 팝콘처럼
소리 내며 튀는데

팝콘 내음 이런가
벚꽃 향기 아니더냐

不和花

春香이 남풍 타고 살며시 다가오니
이름 모를 꽃들이 들녘을 헤매다가
굽어보는 나에게 목례를 하는구나

들가에 피어오른 이름 모를 꽃이여
하얗게 수놓은 듯 소담스레 앉아서
수수하게 차려입은 그대 모습 고상해

아무도 눈여겨보지 않고 지나치는
무정한 사람들을 탓하지 아니하고
홀로 서서 하늘을 우러러 소원 하누

일평생 꽃피워도 빛도 못 본 그대여
가는 세월 무정하다 탓 말고 보내노니
어허라 세월 가니 우리 모두 떠나가세

수호초

하얀 꽃 예쁜 꽃 조롱조롱 수호초

정원 속 꽃밭의 수많은 꽃 중에
사계절 상록으로 녹색을 보이더니
늦은 봄소식 타고 花香을 피우구나

한여름 뙤약볕에 푸른 잎 나풀대며
뜨거운 열풍도 마다않고 가슴 품고
한겨울 눈밭에서 푸른 잎 자랑하며

차디찬 냉풍도 싫다 않고 가슴 품어
사시사철 상록을 마음껏 자랑하고
끈질긴 생명력을 보여주던 수호초

하얀 꽃 예쁜 꽃 조롱조롱 수호초

아카시아

풀 내음
여름 향기
은은하게 몰려오는

새하얀
아카시아
한 아름 모셔 안고

님 맞을
님의 창에
줄줄이 걸어두면

님의 미소
님의 향기
가슴 깊이 퍼지리라

강변 수양버들

햇살 따가운
낙동강변
추욱 쳐진 수양버들

강바람
불어오니
살랑살랑 춤추고

시원한
바람이
얼굴을 스쳐가니

이마의
땀방울이
씻은 듯 사라지네

능소화

은은히 들려오는
사랑의 나팔소리

천상에서 맴돌다
귓전에 다가오니

하늘나라 천사님
무지개 타시고

분홍 나팔 부시며
이 세상에 납시니

평화의 소리가
온 세상에 퍼져가네

수국水菊

몽올 몽올 젖 망울
아름답게 솟아올라
녹색으로 태어나서
치장을 하더구나

흰색으로 변하여
변덕스러우더니
청색 옷 갈아입고
냉정한 마음으로

붉은색 치장하여
소녀 꿈 키우더니
보라색 꿈을 펴고
진심으로 사랑하네

상사화

임 보러 왔건만 임은 어디 가셨나
벌 나비 찾아와 나를 반겨 주는데
찾는 임은 어디에도 보이지 아니하네
임이여 오소서 어서 빨리 오소서

임 찾아왔건만 임은 이미 가시고
반겨 맞아 주는 이 아무도 없는데
찾는 임은 어디에도 보이지 아니하네
임이여 기다리소서 어서 빨리 가리다

단풍잎

서산마루
타오르는
저녁노을 함께하여

붉게 타는
단풍나무
화려하다 하건마는

단풍 잎
떨어지면
낙엽일 뿐이더라

억송석億松石

솔 중의 貴松을
億松이라 부르고

돌 중의 貴石을
億石이라 부르니

고귀한 貴松 貴石
億松石이라 하는구나

億 소리 나는 솔 億松이라 하였고
億 소리 나는 돌 億石이라 하였는데
億 소리 나는 솔과 돌 億松石이라 하더라

황금을 보기를 돌같이 하라던데
소나무 보기를 황금같이 하고
돌멩이 보기를 황금같이 해야겠네

귀하고 귀한 솔
億 소리 나는 솔

귀하고 귀한 돌
億 소리 나는 돌

정원과 응접실에
億松石이 찬란하네

거북바위에 핀 들국화

파랗게 물들인 높고 높은 가을 하늘
비단옷 곱게 입은 거북바위 발아래
각양각색 만발한 들국화 향연일세

노란색 하얀색 갈색 옷 치장하고
활짝 웃음 머금고 반갑게 맞이하며
지나가는 바람에 손들어 인사하네

시원한 가을바람 들국화 벗하며
거북바위 주위엔 고추잠자리 맴돌고
가을의 아름다운 정취를 그리구나

노을이 짙어가는 언덕배기 거북바위
한 폭의 아름다운 그림을 그려가니
바람 따라 국화 향기 사방으로 흐르구나

오색단풍

오색단풍
가을 향기
은은하게 몰려오니

아름다운
오색단풍
한 아름 모셔 안고

님의 얼굴
님의 목에
줄줄이 걸어 주면

님의 미소
님의 향기
별빛보다 찬란하리

팔손이 꽃

순백의 아름답고
빛나는 하얀 옷
하얀 미소 한 아름 가슴 고이 묻어놓은
눈부시게 화려한 팔손이 하얀 꽃

높푸른 하늘 향해
마음을 보내며
여덟 개의 손으로 임을 맞는 이파리
몽올몽올 피어오른 원추형 하얀 꽃

손들어 인사하고
고개 숙인 꽃봉오리
그렇게도 이쁘고 탐스러운 모습이
천사같이 순결한 임이라 하오리까

코로나 19 마스크(無言)

?

억새

햇살 받은
백발은
바람 타고 흐르고

햇살에
반짝이는
은색 머리 풀어놓아

찰랑대는
머릿결
임의 노래 임의 향기

갈대

사각사각
들려오는
갈대의 비명소리

둥지 틀은
철새 식구
깜짝 놀라 푸드득

찬바람
세찬 바람
갈대의 비명소리

마지막 감잎

벌거벗은 나목의 앙상한 가지에
조롱조롱 매달린 마지막 갈색 감잎 하나

하얀 구름이 한가로이 흘러가고
파란 하늘을 아쉬운 채 뒤로하며
지나가는 바람에 손 흔들어 인사한다

잘 익은 홍시마저 한 시절 보내고
이제는 하얀 세상을 바라봐야 할 시간

다음에 새봄을 맞이할 희망으로
흰 눈이 쌓이는 겨울이 오기 전에
휑하니 창공을 오르는 마지막 감잎

설중매

눈 내음
겨울 향기
포근하게 퍼져가는

아름다운
설중매
한 아름 모셔 안고

임의 품속
달려가
예쁘게 달아 주면

임의 가슴
임의 내음
향기롭게 퍼져가리

2

오세요 보세요 힘내세요

1. 무궁화 삼천리
2. 하품
3. 청보리밭
4. 청개구리
5. 쌍무지개
6. 사태
7. 태풍
8. 주상절리 거북바위
9. 봉화대의 소나무
10. 산불
11. 하동 가는 날
12. 남산 타워
13. 두물머리

14. 오세요 보세요 힘내세요

15. 범방산(거북산)

16. 애기 동백

17. 구포 왜성

18. 거북바위

19. 병풍암 석불

20. 임 찾은 첨성대

21. 불탄 둥지

22. 고향 가는 밤길

무궁화 삼천리

點 點 點 점이 모여
아름다운 산이요

線 線 線 선이 흘러
비단 같은 강이로다

강과 산이 어우러져
화려한 금수강산

우리나라 대한민국
무궁화 삼천리강산

하품

햇살이 따사로워
봄바람 찾아오니

곱게 솟은 꽃망울
하늘을 바라보고

따스한 봄볕이
구석구석 찾아드니

토담 아래 웅크린
강아지가 하품하네

청보리밭

북풍한설 몰아치는 한겨울 땅속에서
보금자리 하얀 눈 따뜻한 이불 삼아
추위를 마다않고 꿋꿋이 버티다가

노란 싹 내밀어 청록으로 변하더니
싱그럽게 피어난 청보리가 되었더라
청보리 들판에 물결이 일렁인다

남풍 따라 넘실대며 푸른 물결 춤추고
녹색의 풋 내음 싱그러운 향기에
보리피리 만들어 합창으로 부르노니

넘실대는 청보리 푸른 물결 타고서
교향곡아 퍼져라 멀리멀리 퍼져라
아름답게 흘러라 높푸르게 흘러라

청개구리

보슬비가 보슬보슬
내려앉는 경칩 날

잠에서 깨어나서
왜 그리 슬피 우나

개골개골 청개구리
울음소리 요란하니

잠에서 깨어나자
엄마 무덤 지키려나

쌍무지개

장마에
소낙비
주룩주룩 내리네

세차게
몰아친다
눈앞이 안 보이게

한줄기
쏟아지고
시원 바람 불어오니

강 건너
산봉우리
아름다운 쌍무지개

사태

폭우가 내려서 도로가 침수되고
제방이 무너져 강물마저 범람하네

폭우가 쏟아져 산사태 일어나고
산사태 흙더미에 가옥이 묻히구나

폭우가 쏟아져 교량이 파괴되고
달리던 자동차가 강물에 휩쓸리네

산사태 제방 사태 연이어 사태 나니
어린 백성 다 죽는다 이 일을 어이할꼬

태풍

무생물이 생물의 탈을 쓰고
고등 생물 인간 세상
대한 국민을 욕되게 하려고
살금살금 올라오다니

가소롭다 태풍아
우리나라 삼천리 금수강산
넘보지 말고 조용 왔다
그만 가만 가거라

감히 엄하게 명하노니
우측으로 빙빙 돌아
조용히 사라져라
소리 없이 사라져라

주상절리 거북바위

힘겹게
기어서
정상에 올라앉아

뭍을 향한
그리움
고개 들어 인사하네

발아래
넘실대는
쪽빛 물결 하얀 파도

거북 향해
잘 가라고
하얀 수건 눈물 젖네

봉화대의 소나무

봉덕사 에밀레종 엎어놓은 봉화대
옛날 군대 상호 간 최고의 통신수단
검은 연기 피우고 붉은 화염 토했던
봉화대 꼭대기에 소나무가 웬 말인가

춘하추동 사계절 변화무쌍 날씨에
비바람 몰아치고 눈보라 휘날려도
백 년을 하루같이 모든 풍상 겪으며
한자리에 외로이 홀로선 청송이라

한 마리 산비둘기 소나무에 앉아서
거름 주고 구구구 후드득 날아가니
아쉬운 정 토하는 청송의 손짓에
높푸른 하늘에서 백학이 날아드네

산불

불이야~ 불났어 뒷산에 불이 났다
동네 사람 모여라 진화하러 갑시다

불조심 산불조심 얼마나 외쳐 댔나
시뻘건 저 불이 마을까지 덮치면

우리 재산 거덜 나고 주거지 없어지니
마을까지 오기 전에 산불을 진화하자

조심조심 산불조심 우리 모두 불조심
불씨를 없애고 꺼진 산불 다시 보자

하동 가는 날

오늘은 하동 가는 날
문학기행 가는 날
따사로운 햇볕은 포근하게 감돌고
하늘도 반기는지 더없이 높푸르다

못 잊어서 또 가네
보고파서 다시 가네
하동길 사백 리 길 즐겁게 가노라

봄이면 벚꽃터널 시원 바람 쏘이고
졸졸졸 흐르는 바위틈 시냇물과
대밭에 빨려 드는 참새떼 가관일쎄

하동송림 그늘 아래 조용히 자리 깔고
춤추고 노래하며 즐거운 소풍놀이
섬진강 맑은 물에 모래 긁어 재첩잡이

평사리 넓은 들에 고개 숙인 벼 이삭
허수아비 춤추는 누우런 들판에
붉게 익은 홍시가 석양에 반짝인다

재첩국 재첩회에 막걸리 한 사발
못 잊어서 또 왔네
보고파서 다시 왔네

남산 타워

시월의
공휴일
남산 타워 모습은

아름답게
피어오른
오색단풍 사이로

떨어지는
은행잎이
바람에 휘날려

노오란
꽃비가
보도를 채웁니다

두물머리

남한강과 북한강
두 물길이 사이좋게
양수리서 만나는
두물머리 두물경

어허라 물길 따라
모였구나 두물머리
고동산과 정암산
어깨동무하는데

산 그림자 싣고서
유유히 흘러들어
한강으로 이어지니
대한의 젖줄일쎄

오세요 보세요 힘내세요

제27회 부산 북구 문화예술
연합 전시회가 열리다
역사와 전통의 종합 전시회란다

4종(사진 그림 서예 시) 시화전이
구포 범방산 무장애인 숲길에 전시되고 있다
휠체어로 정상 210m까지 등정할 수 있는
우리나라 최초로 설치한 1.2km의 우드데크
산책로 숲길이다

하얀 애기 동백이 발걸음 멈추게 하고
빨간 동백이 어우러지고 팔손이나무가 손 흔들며
반갑다고 인사한다

범방산 정상에 올라 숨 한번 크게 쉬고
사방을 둘러보니 낙동강 시원한 강바람이
얼굴에 스며든다

하나 둘 셋 넷 다섯…
강을 가로지르는 크고 작은 다리가
아름답게 빛나는데

하얀 물거품을 토하며 강을 거슬러 오르는
쾌속정이 한 폭의 그림을 그린다

코로나19에 지친 몸과 마음
오세요 보세요 힘내세요~

범방산(거북산)

거북산 범방산아 어디로 기어가나
낙동강변 모래밭에 알 낳으려 가느냐
내려갈 땐 쉬워도 오를 땐 힘들겠지

청송을 어깨 메고 잘도 내려가는구나
알 낳는 희망에 어려움마다 않고
쉬지도 아니하고 계속해서 기어가네

종족보존 자손 번영 희망찬 보람 속에
낙동강 강바람이 얼굴에 스며들면
흐르는 땀방울 자취 없이 사라지리

애기 동백

하얀 옷 하얀 미소
백의 천사 미소에
오가는 산책객
발걸음 멈추고

붉은 동백 사이로
하얗게 미소 짓는
정다운 눈 맞춤
하고서 가는구나

애기 동백 순결에
마음마저 맑아져
천상에서 춤을 추는
선녀가 되려나 봐

구포 왜성

부산 북구 작은 동산 아름다운 의성산
악랄한 왜적들 성을 쌓아 구포 왜성
진지로 사용하니 가소롭다 가소로워

오늘 내가 구포 왜성 점령하여 올라보니
왜적들 도망가고 흔적조차 없구나
대천천 맑은 물로 왜놈 흔적 씻어낸다

의성산 포근하게 제 모습 되찾으니
텃새가 둥지 틀고 때까치 날아들고
청송은 웃음 짓고 무궁화 만발하네

거북바위

거북산 등에 올라 정상가는 거북바위
숨차게 오르다 하늘 한 번 쳐다보고
등짐 진 허리 펴고 또 한 번 쳐다보고

거북산은 낙동강에 알 낳으러 가는데
등짐 진 거북바위 정상 향해 올라가니
부화한 새끼 거북 고행길에 오르는가

거북산 정상에 힘겹게 오른 후에
숨 한번 크게 쉬고 사방을 둘러보면
낙동강 강바람이 얼굴에 스미겠지

병풍암 석불

금정산 상계봉 남쪽으로 산기슭
병풍암 막아서서 고개 들고 쳐다보니
기암절벽에 암각한 엄숙한 모습들

정면 보고 웃음 짓는 자비로운 부처상
사방으로 16나한 무섭게 눈 흘기고
29불상은 평화롭게 미소를 머금네

3년하고도 석 달간 물 마시며 조각한
숨결이 배어있는 정밀한 조각들이
살아서 숨을 쉬는 불상과 나한들

임 찾은 첨성대

밤하늘 별을 보며
별자리 헤어본다

북쪽 하늘 빛나는
북극성은 너의 별

북극성을 맴도는
북두칠성은 나의 별

밤하늘에 임을 찾는
시인의 눈동자

나는야 임을 찾은
행복한 첨성대

불탄 둥지

붉게 피어나는
진달래 꽃밭에

풀숲에서 타오르는
화마가 웬 말인가

까투리는 눈알 굴리고
푸드득 날아가는데

둥지는
타버리고
남은 산새 어이할꼬

고향 가는 밤길

[I]
달그림자 벗하며 고향 가는 나그네
고갯마루 올라서니 고요를 깨뜨리고
산 등에서 들려오는 부엉이 우는소리에

간담이 서늘하여 식은땀이 주르륵~
꼬끼오 울음소리에 반가워서 뛰어가네

[II]
북두칠성 쳐다보며 고향 가는 나그네
고갯마루 언덕 도로 헤드라이트 불빛에
파란 불빛 쏟아내는 고라니 두 마리

일순간 깜짝 놀라 등골이 오싹한데
마을회관 외등 뵈니 반가워서 달려가네

3 보릿고개

14. 코로나여 사라져라

15. 문풍지

16. 아름다운 꽃신

17. 기다리는 마음

18. 세금 걱정

19. 눈雪

20. 하얀 발자국

21. 크리스마스이브의 거리

22. 고난의 신축년辛丑年

23. 임인년壬寅年 새해 아침

白牛

辛丑年
새해에
白牛가 뚜벅뚜벅

무겁게
짐을 실은
소달구지 끌면서

땀을 뻘뻘
흘리고
눈알을 껌벅이며

머리꼬리
흔들면서
워낭소리 내는구나

三題(生과 死)

태어날 때　　　　　？

　살아갈 때　　　　　！

　　돌아갈 때　　　　　.

코로나 19

하느님이 노하셨나 왜 이러십니까?
인간 말살하시려고 작정을 하십니까?
왜 이리 혹독하게 괴롭히고 있습니까?

민초들 말 못 하게 마스크 쓰라 하고
민중들 겁난다고 사회적 거리 두기
사람들 귀가하면 습관적 손 씻기

한국으로 아시아로 세계로 퍼져가는
코로나19인가 COVID 19인가
보이지 않는 바이러스 세계를 위협하네

인간들 서로서로 믿지 말라 부정하고
사람들 서로서로 떨어져 살라 하니
영특하신 하느님 노여움을 푸소서

북한강 문학제 가는 날

오늘은 북한강 문학제 가는 날
늦가을의 따사로운 햇볕은 포근하게 감돌고
하늘도 반기는지 더없이 높푸르다

축제날 행사에 참석한다 생각하니
아침부터 벅찬 가슴 가눌길 없구나
남양주 천 리 길 멀다 않고 달려간다

형형색색 아름다운 단풍이 요동치는 고동산은
굽이쳐 흘러내리는 북한강 푸른 물에
그림자 드리우고 즐겁게 웃는구나

공연장에 펼쳐지는 문학제 시화전
올해도 변함없이 詩 한편 전시하고
미소를 머금으며 상념에 잠긴다

시상관詩想觀

시상을 그리면
아름다운 시구가

세상을 생각하면
어지러운 잡병이

정상을 새기면
민초들의 현기증이

천상을 누리면
평화로운 행복이~

딱새우 회

통통한 붉은 딱새우 보기도 좋구나
보기가 좋은 것은 먹기도 좋아라
맛자랑 무엇하리 전시회나 해 볼까

제주도의 특산품 자연산 딱새우 회
부드럽고 쫄깃하며 신선한 횟감에
입에서 살살 녹는 딱새우 회 한 접시

쫄깃하고 담백하고 비린내 전혀 없는
고소하고 식감 좋은 천하일미 딱새우
깔끔한 쐬주 한 잔 술맛이 땡기네

보릿고개

[I]

쪼르륵~ 쪼르륵~
배곯는 소리

뒷동산 송피를 긁어와서 죽 쒀 먹고
앞뜰 풀포기 잘라와서 국 끓여 먹고

잎사귀란 잎사귀는 독초 외는 모두 잘라
밥 대신 죽을 쑤어 먹든 어려운 시절

쪼르륵 소리 나면 물 한 사발 마시고
다시 쪼르륵하면 물 한 사발 더 마시고

[Ⅱ]

말도 많이 하지 마라 아이야 배 꺼질라
뛰어다니지도 마라 아이야 허기 질라

어른은 배가 고파 마음을 뒤척이고
아이는 배불뚝이 소화불량 낑낑대니

이름하여 보릿고개 눈물겨운 아픔의 시절
이 고비를 어이할꼬 넘기기나 하겠나

쪼르륵~ 쪼르륵~
배곯는 소리

청년과 노인

대로변에 서 있는 은행나무 두 그루
젊음과 늙음을 양면으로 보여주며
나란히 공존하며 서있는 생명체

청춘을 과시하는 새파란 은행잎
노인이 되어버린 노오란 은행잎
보기가 더 좋은 건 황금색 은행잎

은행나무 두 그루가
저렇게도 다를진대
우리네 인생은
말하여 무엇하리

금개구리

푸른 하늘이 한없이 맑고 높아
오색단풍이 찬란하게 빛나는
금정산 중턱의 샘물 솟는 옹달샘

맑디맑은 파란 하늘을 등에 업고
갈색추억 머금은 낙엽이 쌓여 가는데
고추잠자리 한 마리 창공을 맴돈다

새털 같은 하얀 구름 동공에 새기고
사그락사그락 낙엽 밟는 소리와 함께
펄쩍 뛰며 다가오는 황금색 개구리

이름만 듣고 듣던 금개구리 찾아왔네
다문 입을 불룩불룩 인사를 하는구나
만복을 안겨주는 귀한 손님 금개구리

月光

고독이 스며드는 고요하고 적막한 밤
어둠을 밀어내며 다가오는 月光은
裸木의 가지 위에 조용히 내려앉네

포근하고 달콤한 평화로운 月光은
깊고 깊은 마음속 심장까지 전해주는
베토벤의 월광곡에 가슴을 채워주네

창틈으로 찾아드는 해맑은 月光은
포근한 사랑을 넌지시 안겨주고
사라지는 바람처럼 조용히 흘러가네

풍경소리

저녁노을
깊어가는
고요한 산사의 밤

추녀 아래
풍경소리
간장을 녹이는데

고요를
깨뜨리고
들려오는 종소리

마음을
가다듬고
성불에 접어든다

詩의 탄생

썼다가 지우고
지웠다가 다시 쓰고

읽고 읽고 또 읽어
고치고 다듬어서

다시금 정리하여
일주일이 지나면서

맛나게 숙성시켜
태어나는 詩 한 편

고난을 이겨내고
향기롭게 피어나네

사랑방 연가

앞집 뒷집 일꾼들아 해가 지고 달이 뜨니
저녁 먹기 바쁘게 사랑방에 모이게나
불쏘시개 불 피워서 아궁이에 장작 넣고

구들장이 따끈하게 불을 활활 피우게나
호롱불 심지 올려 불 키워 밝게 하고
화롯불 달구어서 고구마 구워내세

앞 마당 가장자리 세워둔 볏짚 중에
좋은 짚단 간추려서 불나게 가져오게
모두들 둘러앉아 군 고구마 안주하여

막걸리 한 사발로 흥겹게 노래하며
돌쇠는 이엉 엮고 석철이는 새끼 꼬아
내일 있을 영자 집 지붕 이을 준비하세

코로나여 사라져라

하늘 위로 치솟아
블랙 홀로 사라져라

땅밑으로 꺼져서
재도 없이 사라져라

천지가 진동하니
코로나여 사라져라

인간 세상 평화롭고
행복하게 살아보자

문풍지

북풍한설
몰아치는
동지섣달 기나긴 밤

등잔불
심지 올려
방안 가득 밝혀놓고

비단 금침
펼쳐놓고
님맞이 하였건만

기다리는 님
오지 않고
문풍지만 울고 있네

아름다운 꽃신

그대 떠난
빈자리
꽃길을 만들면

아름다운
꽃신에
비단옷 챙겨 입고

맑고 밝은
마음으로
사뿐히 오소서

기다리는 마음

삭풍에 꽃이 피면
돌아온단 임이여

영롱한 물안개
모락모락 피어오른

때 이른 봄이련만
왜 이리 기다릴까

가슴속 애타게
기다리는 마음

세금 걱정

세월이 하~ 어수선하여라

코로나가 그렇고
백신이 그렇고

LH 땅투기에
대장동 화천대유
전국이 벌집이고
아파트 투기도 한몫을 하고 있네

대선이 눈앞이라
돈 뿌리는 흑색선전
가짜 뉴스 판을 치니

민심이 흉흉하고
세금 걱정 태산이다

눈雪

첫눈이 내리면
  좋아라 뛰어보고

  두 눈이 내리면
    마음이 포근하고

    세 눈이 내리면
      평화가 넘치고

      네 눈이 내리면
        짜증이 생기고

        오 눈이 내리면
          걱정이 태산이다

하얀 발자국

함박눈
내리는
언덕배기 꼬부랑길

눈 위에
찍어가는
하얀 발자국

뽀드득
뽀드득
발자국 소리에

퐁이도
꼬리치며
좋아라 달려오네

크리스마스이브의 거리

번잡한 거리에서 우렁차게 퍼져오던
크리스마스 캐럴과
휘황찬란하게 빛나던 오색 등불이
옛 추억이 되어버리고

지금은 한적하고 고요한 밤거리
세월을 탓하랴 세태를 탓하랴
코로나19로 어지러운 세상이 되어버렸네

코도 입도 모두 막고 조용히 살라 하네
사람도 만나지 말고 조용히 살라 하네
가족끼리 오손도손 조용히 살라 하네

그야말로
고요한 밤 거룩한 밤
어둠에 묻힌 밤이 되어 버렸네.

고난의 신축년辛丑年

오늘은 辛丑年 마지막 날
올해는 참으로 힘들고
괴로운 날들의 연속이었다

코로나19로 움츠러진 어깨너머로
辛丑年 노을이 붉게 물들어 가고
북적이던 연말이 너무나 한산하다

사람들과 대면하지 말고
말하지 말고 숨도 쉬지 마라
보고 듣고 지키기만 하라

고난과 역경의 辛丑年을 보내고
희망과 활기찬 임인년壬寅年을 맞이하여
화려한 금수강산 무궁화 꽃을 활짝 피워보자

임인년壬寅年 새해 아침

壬寅年 새해가 밝아온다
아늑한 수평선 너머로 황색 기운이 솟구친다
찬란하게 눈부신 아침해가 흰색 띠를 두르고
무럭무럭 자라서 세상을 밝힌다

넘실대며 포근한 바다에서 잉태하는 태양
그림자 마다하고 진통을 겪으며 태어난다
지난해의 모든 격랑과 고난을 밀어내고
삼천리 금수강산 아름다운 꽃을 피우자

백두대간 뼈를 깎은 씩씩한 호랑이가 되어
서로 믿고 서로 의지하는 상생의 길을 찾아
미워 말고 서로서로 포용하고 사랑하여
삼천리 금수강산 무궁화 꽃을 활짝 피우자

4

트로트

1. 몰운대 사랑
2. 떠나간 소녀
3. 등대 소녀
4. 고요한 밤에
5. 꽃길
6. 봄 사랑
7. 노랑 병아리
8. 바람에게 물어봐
9. 종착역
10. 라일락 사랑
11. 너의 얼굴
12. 하얀 나비
13. 새타령

14. 송악산
15. 세월아 잠깐 쉬었다 가자꾸나
16. 유월이 오면
17. 황금빛 인생
18. 팔도 술타령
19. 바닷가에서
20. 팔도 죽타령
21. 팔도 김치타령
22. 그대 눈동자
23. 함박눈아 내려라
24. 떡타령
25. 담배타령
26. 행복한 사랑
27. 고향 그리워

몰운대 사랑[작사 1]

몰운대에 봄이 와서 꽃이 피면
돌아온다 약속한 첫사랑아
몰운대에 꽃은 다시 피었건만
아직도 오지 않고 소식도 없나
정 주고 사랑 주고 떠나간 님아
온다는 기쁜 소식 봄바람 타고
나비처럼 훨훨 날아오시는 구려

손꼽아 삼 년 세월 기다렸건만
아직도 소식 없어 애만 타는데
첫사랑 기다리는 이내 심정은
애타게 그려보는 쓸쓸한 마음
꽃이 펴도 외로운 몰운대 사랑
온다는 기쁜 소식 봄바람 타고
나비처럼 훨훨 날아오시는 구려

떠나간 소녀[작사 2]

말없이 조용히 떠나간 소녀야
보고 싶은 그리움에 목놓아 울어도
모습만 비칠 뿐 대답 없는 소녀야
달빛에 너의 고운 얼굴 그려보고
눈 감으며 새겨본다 떠나간 소녀야
별빛 따라 흐르는 외로움을 삼키며
너의 모습 새겨본다 떠나간 소녀야
그 얼굴 보고파 보고파 지네

말없이 조용히 떠나간 소녀야
듣고 싶은 소식을 애타게 기다려도
소식은 오지 않나 사랑스런 소녀야
달빛에 너의 예쁜 모습 그려보고
눈 감으며 새겨본다 떠나간 소녀야
별빛 따라 흐르는 그리움을 삼키며
너의 모습 새겨본다 떠나간 소녀야
그 모습 그리워 그리워 지네

등대 소녀[작사 3]

〔Ⅰ〕

어두운 밤바다 철석이는 파도 속에
흐름 한 달빛 받고 방파제 마주 앉아
사랑을 속삭이며 변치 말자 약속하며
반짝이는 별을 보며 저 별은 너의 별
희미한 별을 보며 저 별은 나의 별

두 손을 마주 잡고 손도장 찍을 때
등대불 환하게 비추어 주었건만
등대가 되어준 그대는 떠나가고
지금은 나 홀로 외로워 등대 소녀

〔Ⅱ〕

저 멀리 어둠 속 바다를 헤쳐가며
화물선 기적소리 요란스레 울리면
밤바다 뱃길을 비춰주는 황색 등대
화물선은 저 불빛이 얼마나 고마울까
사랑을 속삭이며 변치 말자 약속하며

둥근달 바라보며 너의 얼굴 그리고
반짝 별 바라보며 나의 얼굴 그렸는데
등대가 되어준 그대는 떠나가고
지금은 나 홀로 외로워 등대 소녀

고요한 밤에[작사 4]

〔I〕

그대를 잊지 못하는 고요한 밤에
잠 못 이뤄 뒤척이는 허전한 밤에
유리창에 아름답게 비치는 저 달을
가슴으로 고이 받아
그대 창문에 걸어두고 싶네

유리창으로 들어오는 포근 한 달빛을
가슴으로 고이 싸서
그대 얼굴에 파묻고 싶네
그대를 잊지 못하는 고요한 밤에

〔Ⅱ〕

그대를 잊지 못하는 고요한 밤에
잊지 못해 몸부림치는 허전한 밤에
유리창에 아름답게 빛나는 별들을
가슴으로 고이 받아
그대 창문에 걸어두고 싶네

유리창으로 들어오는 반짝이는 별빛을
가슴으로 고이 싸서
그대 품속에서 잠들고 싶네
그대를 잊지 못하는 고요한 밤에

꽃길[작사 5]

님과 함께 걷는 길 아름다운 꽃길
하늘대며 웃음 짓는 노오란 유채꽃
토담에 기대어 활짝 웃는 개나리
향긋한 시원 바람 얼굴을 스쳐간다
찾아오는 봄날의 꽃길은 추억이요
어깨 맞춰 손잡고 다정히 걸어가는
한 폭의 그림 속에 꿈길 같은 행복감
님과 함께 걷는 길 아름다운 꽃길

노오란 꽃길을 다정스레 걸어가면
따사로운 햇살이 머리 위에 머물고
노랑나비 어깨에서 반갑다 춤추고
님의 머리 찰랑찰랑 바람에 나부낀다
익어가는 봄날의 꽃길은 추억이요
손에 손을 잡고서 다정히 걸어가는
한 폭의 그림 속에 동화 같은 행복감
님과 함께 걷는 길 아름다운 꽃길

봄 사랑[작사 6]

꽃 피고 새가 우는 봄날이 오면
우리의 사랑도 봄바람 타고 오네
꽃처럼 화사한 아름다운 사랑아
우리의 사랑은 개나리처럼 피어
유채꽃 아름다운 들판을 달려오네
우리의 사랑은 순백한 목련화 사랑
봄바람 봄바람 봄바람 타고
내 사랑 봄 사랑 찾아와 주네

움추린 가슴을 활짝 펴고서
향기 품고 찾아오는 봄바람 맞아
영원한 사랑의 노래를 부르며
아름답고 향기 나는 꽃을 피운다
진달래 개나리 포근한 사랑 따라
영산홍 자산홍 익어가는 봄 사랑
봄바람 봄 사랑 내 사랑 봄 사랑
향기로운 봄 사랑 내 사랑 이여

노랑 병아리[작사 7]

노랑 깃털 태어난 노랑 병아리
엄마 따라 졸졸졸 꽁무니 따라
삐약삐약 졸졸졸 따라다니네

보송보송 병아리 노랑 병아리
노랑 깃털 날리며 손바닥 올라
고개 들고 하늘 향해 삐약삐약

노랑 깃털 병아리 노랑 병아리
엄마 찾아 삐약삐약 달려가더니
엄마 뒤를 따라서 달음질치네

바람에게 물어봐[작사 8]

바람에게 물어봐 구름에게 물어봐
인생이 무엇인지 사랑이 무엇인지
빈손 들고 왔다가 빈손 털며 가는 것
잠시 머문 세상에서 사랑을 맺어놓고
아름다운 추억들을 가슴에 새기며
마음속 사랑도 훌훌 털어 버리고
떠날 때는 말없이 조용히 떠나가니
잘 놀다 가노라 즐거웠던 우리 인생

강물에게 물어봐 바다에게 물어봐
인생이 무엇인지 인연이 무엇인지
시냇물 흘러서 강물 따라 바다 품에
잠시 머문 세상에서 인연을 맺어놓고
아름다운 추억들을 마음에 담고서
가슴속 사랑도 훌훌 털어 버리고
떠날 때는 말없이 조용히 떠나가니
잘 놀다 가노라 아름답던 우리 인생

종착역[작사 9]

여기는 간이역 저 앞이 종착역
여기는 간이역 회차로가 없는 역
인생 열차 타고서 여기까지 왔는데
여기서 잠깐 내려 숨 한번 쉬고 가세
입가에 미소 띠고 과거를 회상하며
한잔 술 마시면서 회포나 풀고 가세
종착역 도착하면 돌아올 수 없는 길
우리의 목적지 인생의 종착역이여

여기는 간이역 종착역이 보이는 곳
여기는 간이역 회차로가 없는 역
탄환 열차 타고서 여기까지 왔는데
여기서 잠깐 내려 담배 한대 피우세
즐겁고 아름답던 추억을 되새기며
한잔 술 마시면서 회포나 풀어보세
종착역 도착하면 돌아올 수 없는 길
우리의 목적지 인생의 종착역이여

라일락 사랑[작사 10]

봄이 오면 생각나는 그리운 그 모습
아름답고 향기 짙은 연보라 라일락
라일락 꽃은 피고 다시 또 피었건만
그대는 정녕코 돌아오지 못하는가
그때가 생각나네 그리운 그 시절
자꾸만 생각나네 그 시절 어린 시절
언제나 같이 하자 맹세를 하였는데
그대는 정녕코 돌아오지 아니 하나

그대 없는 주점에서 외로이 홀로 앉아
아쉬운 마음을 한 잔 술로 달래봐도
자꾸만 흐르는 눈물을 어찌하리
그대는 정녕코 돌아오지 못하는가
그 시절 생각나네 코흘리개 그 시절
자꾸만 생각나네 그 시절 어린 시절
언제나 같이 하자 맹세를 하였는데
그대는 정녕코 돌아오지 아니 하나

너의 얼굴[작사 11]

하늘엔 흰 구름이 두둥실 흐르네
새파란 도화지에 하얀 물감 칠하고
너의 얼굴 그렸다가 지우는 그림책
강물엔 돛단배가 두리둥실 떠가고
새파란 도화지에 윤슬이 반짝이네
너의 모습 나타났다 사라지는데
지워진 너의 모습 다시 그려 본다
달덩이 같은 아름다운 너의 얼굴

바다에는 고깃배가 요란하게 달리네
새파란 도화지에 하얀 파도 춤추고
너의 얼굴 그리며 희망 찾아가는데
강물에 비친 산 그림자 정답고
저녁노을 붉게 물들어 가는데
너의 화사한 웃는 모습 아롱거리고
미소 가득 머금고 찾아온 너의 모습
달덩이 같은 아름다운 너의 얼굴

하얀 나비[작사 13]

그대는 떠나가고 나 혼자 외로워
애타게 보고 싶은 아름다운 여인아
노을 지는 저 산마루 황금색 빛나고
안개 낀 가로등 희미하게 비치는데
어둠이 걷히고 새벽이슬 내릴 때
그대 모습 물안개 곱게 피어올라
하얀 날개 고이 달고 그대에게로
날아서 가노라 그대 곁으로

소리 없이 쏟아지는 함박눈 벗하여
그대를 보고픈 마음 하얀 나비 되어
아름다운 나라로 평화로운 나라로
하얀 세상 하얀 눈 발자국 남기며
마음속에 그리움 가득 담고 가노라
그대 모습 뭉게구름 곱게 피어올라
하얀 날개 고이 달고 그대에게로
날아서 가노라 그대 곁으로

새타령[작사 12]

〔I〕

새 잡으러 가세나 새를 잡으러 가
일 년 하고도 열두 달 새를 잡으세
일월이라 송학에 광이 번쩍 빛나고
이월이라 매조라 님을 찾아 가세나
삼월이라 벚꽃에 광이 번쩍 빛나고
사월이라 흑싸리 등나무에 꽃 피네
오월이라 난초라 붓꽃이 요염하고
유월이라 목단에 향기 찾아 나비 훨훨
새 잡으러 가세나 새를 잡으러 가
일 년 하고도 열두 달 새를 잡으세
타령 타령 타령 타령 새타령아

〔Ⅱ〕

새 잡으러 가세나 새를 잡으러 가
일 년 하고도 열두 달 새를 잡으세
칠월이라 홍싸리 홍재 찾아 가세나
팔월이라 공산명월 얼씨구나 좋을시고
구월이라 국중에 이슬 맺힌 술 마시며
시월이라 단풍에 사슴이 뛰고 있네
동짓달 오동에 봉황 빛이 번쩍하고
섣달에는 할배가 우산 쓰고 축복하네
새 잡으러 가세나 새를 잡으러 가
일 년 하고도 열두 달 새를 잡으세
타령 타령 타령 타령 새타령아

송악산[작사 14]

송악산아 송악산아 한 많은 송악산아
철모를 엎어놓은 산방산 옆에 두고
형제섬 바라보며 눈물을 흘리느냐
일제의 대공포 진지동굴 육십여 개
살점을 찢기고 칠십 년을 버텨왔네
한 많은 송악산아 눈물 멎고 웃어보자
자유 평화 찾아온 행복한 제주에서

송악산아 송악산아 외로운 송악산아
둘레길 걸어가며 파도 소리 들으면
산방산 외침 소리 요란히 들려오고
형제섬 외침 소리 아련히 들려오니
너무나 애처로워 눈물이 나는구나
외로운 송악산아 눈물 멎고 웃어보자
자유 평화 찾아온 행복한 제주에서

세월아 잠깐 쉬었다 가자꾸나[작사 15]

바쁘다 바빠 세월아 너를 따라가기에
봄꽃이 피자마자 향기로운 꽃잎 벗고
푸르른 잎사귀 무성히도 번지더니
아름다운 오색단풍 금정산 물들인다
가랑잎 한잎 두잎 떨어지면 어쩌나
낙엽 끌어모으기에 바쁘구나 바빠
세월 따라가기에 너무나 바쁘다
잠깐 쉬었다 가자꾸나 세월아

세월아 쉬었다 천천히 가자꾸나
단풍 지고 흰 눈이 소복한 마을에
마음을 녹여줄 시간을 다오 세월아
따뜻한 커피 한잔 맛보고 쉬어 가자
하얀 草家 눈 녹으면 오색 꽃피워야지
봄이 오면 향기로운 예쁜 꽃을 피우자
바쁘게 돌아가는 세월아 세월아
잠깐 쉬었다 가자꾸나 세월아

유월이 오면[작사 16]

유월이 오면 내 고향 마을엔
뒷동산 뻐꾸기 울어주고
밤동산 소쩍새 울어주는
평화로운 마을이었다
앞산에 늘어진 청송은 푸르고
시냇물 졸졸 흘러가는 소리 상쾌해
유월이 오면 구름에 몸을 담아
고향으로 날아가 살고 싶어라

텃밭에 상추 심고 고추도 심어
푸성귀 맛을 보며 가지도 심고
하얗고 자줏빛 감자꽃 쓰다듬으며
햇감자 캐어서 즐겁게 맛보고
초록이 무성한 화전 밭 고구마
밭고랑 북돋우며 잡초도 매고
뻐꾸기 소쩍새 밤낮으로 동무하여
정든 땅 고향에서 살고 싶어라

황금빛 인생[작사 17]

〔I〕

황금빛 번쩍이는 인생에 들어서니
청춘이 그리워서 애타게 노래한다
세월은 흘러가고 젊음은 어디 갔나
모든 게 꿈이었나 모두가 꿈이었나
지나간 일장춘몽 황금빛 인생아

〔II〕

황금빛 번쩍이는 인생에 들어오니
젊음이 그리워서 애타게 노래한다
세월은 흘러가고 청춘은 어디 갔나
모든 게 꿈이었나 모두가 꿈이었나
인간 만사 새옹지마 황금빛 인생아

팔도 술타령[작사 18]

〔I〕

해보세나 해보세 술타령을 해보세
술타령아 술타령 소주 타령해 보세
삼천리 금수강산 눈요기에 맛보기
서울에는 참이슬 강원도는 처음처럼
충북에는 청풍이요 충남에는 이젠 우리
마시고 또 마시고 즐기면서 마셔보세

〔II〕

해보세나 해보세 술타령을 해보세
술타령아 술타령 소주 타령해 보세
삼천리 금수강산 눈요기에 맛보기
전북에는 화이트 전남에는 잎새주
대구에는 참소주에 경남에는 좋은데이
마시고 또 마시고 기분좋게 마셔보세

〔Ⅲ〕

해보세나 해보세 술타령을 해보세
술타령아 술타령 소주 타령해 보세
삼천리 금수강산 눈요기에 맛보기
부산에는 시원이요 제주도라 한라산
잎새주는 오잎주 해운대서 시원소주
마시고 또 마시고 즐겁게 마셔보세

바닷가에서[작사 19]

〔I〕

석양이 아름다운 동백섬 바닷가
파도 소리 철석이는 바위에 기대어
그대는 노래하고 나는 노래 들으니
갈매기도 즐거워 춤을 추고 했는데

그리운 추억만 남기고 떠나간 님아
지금은 아름다운 추억의 꿈길이야
은은히 들려오는 소라고동 소리에
그리운 추억을 새겨본다 바닷가에서

〔Ⅱ〕

언제나 언제라도 잊지 못할 그대 모습
그대를 잊지 못해 정녕 잊지 못하네
바람에 휘날리는 그대 머리 손질하는
어여쁜 그대 모습 어디에서 찾아볼까

그대 노래 님의 사랑 찾을 길 없으니
알고 싶은 사연도 들을 길 없어라
은은히 들려오는 소라고동 소리에
그리운 추억을 새겨본다 바닷가에서

팔도 죽타령[작사 20]

〔Ⅰ〕

해보세나 해보세 죽타령을 해보세
타령 타령 타령아 죽타령을 해보세
삼천리 금수강산 눈요기에 맛보기
팥죽에 호박죽 잣죽에 전복죽
해보세나 해보세 죽타령을 해보세
타령 타령 타령아 죽타령을 해보세

〔Ⅱ〕

해보세나 해보세 죽타령을 해보세
타령 타령 타령아 죽타령을 해보세
삼천리 금수강산 눈요기에 맛보기
서울에는 닭죽에다 잣죽에 파죽이요
강원도는 아욱죽 잣죽에다 옥수수죽
충청도는 녹두죽 호박죽에 깨죽이요

〔Ⅲ〕

해보세나 해보세 죽타령을 해보세
타령 타령 타령아 죽타령을 해보세
삼천리 금수강산 눈요기에 맛보기
전라도라 대추죽에 깨죽에다 백합죽
경상도라 깨죽에 녹두죽 콩죽이라
제주도라 어죽에 전복죽 최고더라

팔도 김치타령[작사 21]

〔Ⅰ〕

해보세나 해보세 김치 타령해 보세
타령 타령 타령아 김치 타령해 보세
삼천리 금수강산 눈요기에 맛보기
배추김치 무김치 갓김치에 파김치
해보세나 해보세 김치 타령해 보세
타령 타령 타령아 김치 타령해 보세

〔Ⅱ〕

서울에는 배추김치 깍두기에 총각김치
오이김치 나박김치 한점씩 맛 보고
강원도에 더덕김치 백김치에 갓김치
명태김치 오징어에 해초김치 맛 보고
충청도라 나박김치 가지김치 호박김치
시금치에 굴깍두기 열무 물김치 맛 보세

〔Ⅲ〕

전라도라 갓김치 동치미에 파래김치
고들빼기 깻잎김치 젓갈김치 맛보고
경상도라 고추김치 부추김치 나박김치
무말랭이 김치에 돌나물김치 맛나네
제주도에 가보니 당근김치 해물김치
전복김치 맛 들이니 제주도에 살고파

그대 눈동자[작사 23]

그대의 아름답고 맑디맑은 눈동자는
내 가슴을 흔드는 마음의 등불 되어
어두운 밤하늘에 반짝반짝 빛나는
작은 별 하나로 태어나는 사랑이었네
어두운 밤하늘을 아름답게 비추는
둥근달 하나로 태어나는 사랑이었네
반짝반짝 아름답게 빛나는 사랑이었네
은은하고 아름답게 비추는 사랑이었네

그대의 아름답고 빛나는 눈동자는
내 마음을 흔드는 마음의 촛불 되어
어두운 밤하늘에 반짝반짝 반짝이는
밝은 별 하나로 태어나는 사랑이었네
어두운 밤하늘을 은은하게 비추는
웃는 달 하나로 태어나는 사랑이었네
반짝반짝 아름답게 빛나는 사랑이었네
은은하고 아름답게 비추는 사랑이었네

함박눈아 내려라[작사 24]

눈아 눈아 내려라 소리 없이 내려라
흰 눈을 맞으며 함박눈을 맞으며
걸어가고 싶어라 뛰어가고 싶어라
멀어봐야 백 리 길 얼마나 멀겠는가
마음은 고향 하늘 고향땅을 그리면서
보고픈 그대 찾아 그대 찾아 달려간다
함박눈을 맞으며 발자국을 찍으며
그대에게 달려간다 함박눈아 내려라

눈아 눈아 내려라 한없이 내려라
흰 눈을 밟으며 함박눈을 밟으며
뛰어가고 싶어라 달려가고 싶어라
백 리 길 멀다 않고 단숨에 달려가니
마음은 고향 하늘 고향땅에 있으니
보고픈 님 찾아 님 찾아 달려간다
함박눈을 맞으며 눈보라를 헤치며
그대에게 달려간다 함박눈아 내려라

떡타령[작사 25]

〔I〕

맛보시게 맛을 봐 전통 떡 맛을 보세
미풍양속 정을 나누는 떡이나 맛 보세
쫄깃한 가래떡에 계피 내음 계피떡
그야말로 꿀맛 나는 꿀떡이 있어요

망개 잎 망개떡에 모싯잎 모시떡
하얀 눈 내려앉은 백설기의 담백함
구수한 빈대떡에 송편이 있어요
맛보시게 맛을 봐 전통 떡 맛을 보세

〔Ⅱ〕

먹어보세 먹어봐 우리 떡을 먹어보세
미풍양속 정을 나누는 떡이나 먹어보세
수수한 수수떡에 쑥 맛나는 쑥떡이요
따끈한 시루떡에 쫄깃한 인절미라

용트림 용떡에 향기 가득 유자떡
쫄깃한 인절미에 담백 깔끔 절편에
쫄깃하고 달콤한 찹쌀떡이 맛나요
먹어보세 먹어봐 우리 떡을 먹어보세

담배타령[작사 26]

〔Ⅰ〕

피우시게 피우시게 담배 한 대 피우시게
배 아프면 회충배 담배가 약이 되고
머리 아파 스트레스 담배가 효과 좋아
고독까지 달래려면 담배가 최고더라
해방전 40년대 승리에 공작이요
백두산에 무궁화 백합에 계명이라
샛별 뜨니 백구 날고 화랑이 나타났네
전쟁시 50년대 풍년초에 파랑새라
진달래 건설 탑에 백양과 사슴이네

〔Ⅱ〕

피우시게 피우시게 담배 한 대 피우시게
살기 힘든 60년대 희망 백조 설악 나비에
금관 모란 재건에 파고다 새나라 금잔디라
새마을에 한강인데 청자가 제일이요

새마을 운동 70년대 은하수 단오에
비둘기에 학이 날아드니 샘이 나오고
남대문 환희에 개나리 수정이라
태양에 충성하여 새마을 이루고
한산도에 달 뜨니 거북선이 최고더라

〔Ⅲ〕

올림픽 개최 80년대 솔이 나타나서
솔 박하 솔 골든 솔 라이트 뒤를 이어
도라지 백자에 마라도 장미에서
라일락 한라산에 88이 나타나도
값싸고 맛이 좋은 아리랑이 제일이요
살만해진 90년대 엑스포 시나브로
에쎄와 글로리 겟투까지 나오고
살기 좋은 2000년대 심플 비전 리치지만
디스와 레종이 입맛에는 최고더라

행복한 사랑[작사 27]

[I]

하늘에서 반짝이는 별들을 바라보며
하늘에서 웃음 짓는 밝은 달을 그리며
별과 달을 벗하며 멋지게 살아보자

그대는 나를 영원토록 사랑하고
나 또한 그대를 영원토록 사랑하여
달이 밝게 빛나고 별이 반짝이듯이
천사처럼 아름다운 그대와 함께
천년만년 즐겁고 행복하게 살아보자

한평생을 영원하고 행복하게
꿈꾸며 살아보자 꿈을 깨지 말고서

[Ⅱ]
달은 지구를 바라보며 돌아가고
지구는 해를 바라보며 돌아가는데
별은 누구를 바라보며 돌아가는가

나는 그대를 사랑해 그대는 나를 사랑해
우리는 서로서로 아름다운 사랑을 해
사랑의 둥지라는 보금자리 만들어
총명하고 아리따운 아들딸 낳아서
천년만년 즐겁고 행복하게 살아보자

한평생을 영원하고 행복하게
꿈꾸며 살아보자 꿈을 깨지 말고서

고향 그리워[작사 28]

〔I〕

앞산에 분홍 진달래 냇가엔 노란 개나리
울긋불긋 꽃 피던 그리운 내 고향
눈 감으면 떠오르는 아름다운 내 고향
내 사랑 옥이는 어디로 가버렸나

풀벌레 잡으려고 이리 뛰고 저리 뛰고
머리를 맞대고 소꿉놀이하던 시절

그리움만 남기고 세월은 흘러가고
사랑도 세월 따라 흘러가 버렸네
고향 풍경 고향 내음 그리운 내 고향
그리워라 그리워 나의 고향 그리워

〔Ⅱ〕

시냇물은 졸졸졸 빼꾸기는 빼꾹빼꾹
지저귀는 산새 울음 귓전에 맴돌고
파란 하늘 눈웃음 구름 따라 흘러가고
내 친구 철이는 어디로 가버렸나

손잡고 뛰어놀던 동구 밖이 그립고
머리를 맞대고 구슬치기 하던 시절

어허라 세월 가고 세월은 흘러가고
우정도 세월 따라 흘러가 버렸네
고향 풍경 고향 내음 그리운 내 고향
그리워라 그리워 나의 고향 그리워

5 쇳물의 꽃이 피었습니다

1. 포항으로 가는 길
2. 하얀 꽃
3. 퇴근 풍경
4. 출근 풍경
5. 냉연과 푀스트 알피네(Vőst Alpine)
6. 신일본제철
7. Tandem Mill 첫 가동
8. 설비 합리화
9. 냉연의 꽃
10. 새마을 운동
11. 산업 역군
12. 포스코
13. 資源은 有限 創意는 無限

14. 영광

15. 詩人이 된 기성보

16. Park 1538

17. 수변공원

18. 역사 박물관

19. 홍보관

20. 구름다리

21. 명예의 전당

22. 용광로

23. 쇳물의 꽃이 피었습니다

24. 탕도湯道

25. 명예의 전당 헌액자獻額者

26. 포스코여 영원히 빛나라

포항으로 가는 길

일천구백칠십이 년 십이월 십이일
포항제철 입사하여 일주일간 교육 수료
부산에서 포항으로 단칸셋방 옮겨간다

털털이 삼륜차에 이삿짐을 옮겨싣고
헐떡이며 숨이 차게 언덕배기 올라서니
저 멀리 보이는 곳 경주남산 경주 시내

넓고 텅 빈 고속도로 갓길에 주차하고
하얗게 눈이 쌓인 넓은 들판 싸늘한데
하염없이 바라보며 담배 한 대 붙여 문다

앞날의 파란만장 타향살이 걱정하고
젊은 청춘 포항에서 일평생 다짐하며
싸늘한 허공 향해 담배연기 뿜어본다

하얀 꽃

제철소 외곽에서 바라뵈는 흰 꽃 연기
석탄을 건류하고 뿌린 물의 하얀 수증기
하늘에 피어올라 아름다운 한 폭 그림

이름하여 코크스를 생산하는 공장
수입한 유연탄을 1300도로 건류시켜
고로 공장 부원료인 코크스를 생산한다

탄가루가 눈에 들면 세수하며 눈 씻지만
코크스가루 눈에 들면 따갑고 눈물 나와
머리카락 한올 뽑아 제거하는 의술 겸비

퇴근 풍경

[I]

형산강 다리 위에 줄줄이 포장마차
퇴근 시 포장마차 자전거에 걸터앉아
닭똥집 한점에다 참새구이 한 접시
선채로 막걸리 한 사발씩 돌린다

막걸리를 들이키고 얼큰해진 퇴근자
마음 맞는 친구들 약속한 듯 달려가는
서산의 동동주 집 방문 열고 들어가서
젓가락 장단에 판 모서리 다 부순다

[Ⅱ]
동동주로 얼큰하여 취기가 오르면
기분을 전환하여 아가씨를 부른다
“자야~ 안주 한 사라 추가요”
흥얼대며 젓가락 장단에 야단법석

늦디늦은 한밤중에 외상장부 찌익 긋고
봉급 날엔 술값 계산 어김없이 갚아주면
여사장님 고맙다고 보너스로 술잔 대접
공술 먹고 제자리서 재 발동이 걸리더라

출근 풍경

포항제철 황색 제복 이름하여 황색 군대
자전거로 줄을 지어 출근하는 낯선 풍경
직원들의 황색 물결 출근 풍경 장관이다

오거리서 해도동을 거쳐서 형산강 로터리
로터리를 돌아서 형산교를 건너가면
첫문이 서문이요 두 번째가 정문이다

서문과 정문으로 빨려서 들어가며
춤추는 황색 물결 아름다운 출근 풍경
김희갑과 황정순이 팔도유람하더이다

냉연과 푀스트 알피네 (Vőst Alpine)

포스코에 신설하는 냉연의 창립요원
냉연공장 전속으로 연수원에 파견되어
독일어 어학공부 3개월을 수료하다

어설픈 독일어로 기술연수 오지리행
린쯔에 자리 잡은 푀스트 알피네
국내에 없는 설비 연속 냉간압연기
4달간의 조업 연수 완전히 마스트

짧디짧은 4달 연수 완전 조업 이룩하자
경이적인 조업 연수 동사에서 극찬하며
푀스트 알피네의 회사 신문 대서특필

"South korea posco 냉연인 최고"

신일본제철

오지리 연수생활 아쉬운 정 뒤로하고
일본에서 조업 연수 추가로 하기 위해
일본으로 날아가는 비행기에 몸을 싣다

도착한 곳 한여름의 나고야 비행장
신일본제철 나고야 제철소 1냉연
박판 전용 냉간압연 3TCM 연수 시작

3달간 조업 연수 냉연 기술 전수받아
독자적인 냉연 조업 성공적인 마무리에
신일철 회사 신문 사진 넣어 대서특필

"Posco 냉연인 냉연 기술 최단기 완수"

Tandem Mill 첫 가동

1977년 1월은 무지 추운 겨울 날씨
밤이면 배관들은 얼어서 동파되고
출근을 하자마자 드럼통에 장작 피워

공장 내부 온도 올려 배관을 녹이고
이런저런 곡절 끝에 동년 4월 1일
5스탠드 4단 Tandem Mill 첫 가동

초기에는 수 없는 난관을 겪었지만
피나는 노력끝에 순조로운 냉연 조업
아주 정상적인 냉연 조업을 완수하다

설비 합리화

1986년 3월 초 현대식 압연기로
개선하는 설비 합리화 공사 작업 수행
기계설치 서독 회사 SMS에 직접 가서
한 달간 제작 확인 꼼꼼히 점검하다

한밤중 새벽 2시 쌓인 눈을 헤 치고
날아간 곳 스웨덴의 한적한 비행장
돔나르베트 냉연 조업을 한 달간 확인하고
합리화 설비의 확인 작업을 마무리

무제한 고속도로 통쾌하게 달려보다
3월엔 눈이 녹아 흐른 물이 홍수 되고
밤이면 형형색색 오로라가 춤을 추는
아름답고 황홀한 풍경 북극에 흐르더라

냉연의 꽃

고로의
결실은
열연에서 꽃피우고

열연의
결실은
냉연에서 꽃피우니

고로의
최종 영광
냉연에서 꽃피운다

새마을 운동

헐벗고
못 먹어
굶주린 배를 움켜쥐며

잘 입고
잘 먹어
보려는 우리의 농촌

근면 자조
협동의
70년대 정신무장

새마을
운동으로
살기 좋아진 대한민국

산업 역군

생필품은
수입하여
사용하던 70년대

산업의
쌀이라는
철강 생산 목표 아래

밤낮없이
쏟아내는
땀방울 億 바가지

포항제철
건설하던
산업의 역군들

포스코

영일만
모랫바람
온몸으로 받아내고

짭짤한
소금 내음
향기처럼 맡으면서

젊은 피를
쏟아내던
산업의 전사들

피와 땀으로
건설한
오늘의 포스코

資源은 有限 創意는 無限

鐵 생산을 하지 못해
수입으로 조달하던
백의민족 대한민국

창립자 박태준 회장
포항제철 건설하여
산업의 쌀을 생산하고

제철소 정문에
행동 지침 걸어두고
포스코를 이끌었네

"資源은 有限 創意는 無限"

영광

고급 제품 철강 생산
세계 제일 포스코

나날이 발전하는
그 모습 장하도다

젊음을 다 바쳐
피땀 흘린 보람이니

드디어 이룩한
영일만 기적은

청춘을 다 바친
주름살의 영광이다

詩人이 된 기성보

제철보국 사명감에 산업 전사 발탁되어
용광로 불길 같은 뜨거운 피와 땀을
포스코에 불살라 이룩한 영일만 기적

여기 한 젊은이가 피와 땀을 바쳐서
고급 기술 연마한 기성보가 되었으나
어느덧 백발이 성성한 노인이 되었도다

모든 난관 극복하며 흘러간 세월의
발자취를 더듬는 추억을 새겨보니
명예의 전당에 헌액자가 되었구나

이제는 기성보가 詩人이 되어서
영광스러운 포스코 전설에 대하여
향기 가득 피어나는 시를 쓰고 있도다.

Park 1538

포스코의 문화공간 Park 1538
철이 녹는 온도를 상징하는 1538도
쇳물에서 이루는 철은 중요한 생필품

공원의 아름다운 둘레길 1.2킬로
형형색색 아름다운 꽃들이 미소 짓고
벌 나비 춤추며 날아와 입맞춤하네

수변공원 거쳐서 역사박물관 확인하고
홍보관의 황홀경에 별 세상 착각하네
이어서 명예의 전당에서 휴식하세

수변공원

연못과
분수대
주위엔 사계절 따라

꽃이
피고 지는
휴식공간 수변공원

울긋불긋
아름다운
꽃잔치 벌였으니

향기 따라
벌 나비
임을 찾아 날아드네

역사 박물관

철강의
불모지
우리나라 대한민국

제철 보국
꿈을 싣고
제철소를 건설하여

제철 부국
실현한
위대한 포스코 역사

제철 신화
엮어가는
포스코 역사박물관

홍보관

포스코가
생산한
건축 강재 사용하여

유연한
곡선으로
아름다운 건축물

제철산업
신화를
영상들과 음향을

입체로
보여주니
황홀경에 빠진다

구름다리

홍보관과 명예의
전당을 이어주는

이백삼십사 미터의
철로 만든 Sky Walk

풍구에서 공기를
용광로에 주입하는

바람의 통로를 형상화한
비상하는 구름다리

명예의 전당

포스코 영웅님들
찬란한 업적과

창조정신을 기리는
신성한 장소요

創立 요원 님들과
역대 CEO님들
技聖님과 名匠님들의

빛나는 업적을 기리는
*포스코 명예의 전당

창립 53 주년에
명예의 전당을 세우다

*포스코 명예의 전당 : 2021.4.1. 건립.

용광로

철광석을
코크스로
달구어 녹여주는

마술의
용광로는
쇳물의 모체요

제철의
생명이란
쇳물의 발원지로다

쉿물의 꽃이 피었습니다

1538도의
벌겋게
타오르는 쉿물이여

불꽃으로
피어나는
쉿물의 용틀임이여

용암처럼
용솟음쳐
튀어 솟는 쉿물이여

황금색
찬란한
쉿물의 꽃이 피었습니다.

탕도湯道

벌겋게
달구어진
안개 서린 쇳물은

수증기를
품어내며
이글 이글 타면서

가쁜 숨을
몰아쉬며
탕도湯道로 흘러간다

명예의 전당 헌액자獻額者

옛말에 호랑이는 가죽을 남기고
사람은 이름을 남겨야 했거늘

포스코 명예의 전당에 헌액獻額되어
이름 석 자 올리니 타오르는 횃불처럼

개인의 명예요 가문의 영광이라
용광로 쇳물처럼 펄펄 끓어올라

영원히 꺼지지 않고
후세에 빛나라

포스코여 영원히 빛나라

[I]
아~ 이토록
위대한
쇳물을 보았는가

아~ 이토록
아름다운
불꽃을 보기나 했는가

용광로에서
피어오르는
아름다운 불꽃을

[Ⅱ]
제철보국
포스코의
웅장한 불꽃을

조국의
번영과
영광의 포스코여

만세에
길이길이
영원히 빛나라.

6

작사/작곡집

1. 냉연의 건아
2. 황금빛 인생
3. 팔도 술타령
4. 팔도 죽타령
5. 팔도 김치타령

냉연의 건아

박우영 작사
정덕영 작곡

황금빛 인생

작사 시향. 작곡 원노트.

팔도 술타령

박우영 작사, 김성주 작곡

팔도 죽타령

박우영 작사, 김성주 작곡

팔도 김치타령

박우영 작사, 김성주 작곡

제6시집(시/시조)
윗물의 꽃이 피었습니다 값 15,000원

2022년 1월 5일 인쇄
2022년 1월 12일 발행

저 자 : 박 우 영
발행인 : 박 중 열
발행처 : 다솜출판사
인쇄처 : 효성문화사

등록번호 : 1994년 4월 22일 제325-2001-000001호
부산광역시 중구 대청로 135번길 10-1
TEL : (051)462-7207/8 FAX : (051)465-0646

ISBN 978-89-5562-698-8 03810